Adolf Ogi Aus der Sicht der Bundeshausfotografen

della Valle Alessandro

Flückiger Monika

Gyger Marcus

Hiltbold Ueli

Hug Karl-Heinz

Kuhn Siegfried

Lehmann Lukas

Mosimann Peter

Müller Jürg

Reichenbach Kurt

Rieben Edouard

Rutishauser Walter

Schlaefli Roland

Schneeberger Michael

Senn Markus

Sieber Jean-Bernard

Sprich Ruben

Stahl Michael

Trachsel Hansueli

ADOLF OGI

Aus der Sicht der Bundeshausfotografen

Mit einem Text von Kurt Siegenthaler

Herausgegeben von der Vereinigung
der Bundeshausfotografinnen und -fotografen

Stämpfli Verlag AG Bern

Dank

Diese Publikation konnte nur dank der Unterstützung verschiedener Sponsoren realisiert werden.
Auf Grund der knappen Produktionszeit war es leider nicht möglich, sie im Buch namentlich aufzuführen.
Für ihr Engagement sei ihnen ganz herzlich gedankt!

Die Deutsche Bibliothek - CIP-Einheitsaufnahme

Adolf Ogi – aus der Sicht der Bundeshausfotografen /
Hrsg.: Vereinigung der Bundeshausfotografen. - Bern : Stämpfli, 2000
ISBN 3-7272-9116-8

Umschlagfoto:
Siegfried Kuhn, Titelbild der «Schweizer Illustrierten» mit der Schlagzeile
«Ein Bergbub will hoch hinaus». (1984)
Foto Seite 2:
Alessandro della Valle/Keystone, Fernseh-Aufzeichnung
der Neujahrsansprache vor dem Portal des Lötschbergtunnels. (1999)

© Stämpfli Verlag AG Bern · 2001
Bildrechte: bei den jeweiligen Fotografen bzw. Bildagenturen.
Die Verwendung von Abbildungen ist ohne die ausdrückliche
Erlaubnis der Fotografen bzw. der Bildagenturen nicht gestattet.

Projektleitung: Hansueli Trachsel, Bremgarten BE
Gestaltung: Peter Sennhauser, Stämpfli AG, Grafisches Unternehmen, Bern
Bilddaten: Ast+Jakob AG, Köniz
Gesamtherstellung: Stämpfli AG, Grafisches Unternehmen, Bern

Printed in Switzerland

ISBN 3-7272-9116-8

Der Mann aus Kandersteg – weltweit anerkannt

«Als Präsident hat Adolf Ogi einen wichtigen Beitrag zur Stärkung des internationalen Engagements der Schweiz geleistet, nicht zuletzt bei den Vereinten Nationen. Er ist ein politischer Führer mit grosser Tatkraft und ausserordentlicher Fähigkeit für menschliche Kontakte. Ich habe keine Zweifel, dass diese Fähigkeiten ihm Erfolg sichern werden, was er auch immer als Nächstes zu tun entscheidet.»

Kofi Annan, UNO-Generalsekretär
«Der Bund»

«He is a good guy»

Bill Clinton, Präsident der USA
«Facts»

«Adolf Ogi hat sich pausenlos für die guten Beziehungen zwischen der Schweiz und Grossbritannien eingesetzt und ist von Premierminister Tony Blair sehr bewundert worden. Er hat mit Begeisterung die Schweizer Werte in der ganzen Welt immer hochgehalten.»

Denis McShane, Abgeordneter und Vorsitzender
der britisch-schweizerischen Parlamentariergruppe
«Blick»

«Seit Adolf Ogi als Minister für den Sport verantwortlich ist, bewegt sich etwas.»

Juan Antonio Samaranch, Präsident des IOC
Sportinformation Zürich

Kurt Siegenthaler

Geboren 23. Oktober 1938. Redaktor am «Wynentaler Blatt» und «Badener Tagblatt». Seit 1974 Schweizer Fernsehen DRS als Inlandchef, bei der Tagesschau und als Bundeshaus-Korrespondent. 1990 bis 2000 Leiter der Bundeshaus-Redaktion von Schweizer Fernsehen DRS.

Adolf Ogi – Sportler, Bergler, Bundesrat

Ostern 1987 in Brigels im Bündner Oberland. Der ehemalige Skidirektor Adolf Ogi war vom Skiclub eingeladen worden. Ich machte dort Ferien mit der Familie. So lernte ich den damaligen SVP-Präsidenten auch privat kennen. Wir trafen uns zum Apéro, die Kinder spielten, die Erwachsenen politisierten. Wir kamen auf eine allfällige Nachfolge von Leon Schlumpf zu sprechen... und grosszügig machte ich Adolf Ogi zum Favoriten. «Dem hast du aber schön den Schmus gebracht», meinte meine Frau nach dem Besuch. Acht Monate später, am 9. Dezember 1987, wurde Adolf Ogi zum Bundesrat gewählt. Für meine – damals zugegeben gewagte Prognose war der Berner Finanzskandal ausschlaggebend. Ogis Berner Gegenspieler waren geschwächt. Zudem hatte er eine Blitzkarriere gemacht und war sehr erfolgreich.

1979 wurde Ogi als Quereinsteiger in den Nationalrat gewählt. Später mit dem besten Resultat der ganzen Schweiz bestätigt. Als Parteipräsident öffnete er die ehemalige Bauern-, Gewerbe- und Bürgerpartei zur Volkspartei und gewann die Parlamentswahlen. Sein Aufstieg in die Landesregierung war also keine Überraschung.

Kein Studierter

Keine Überraschung, aber vielmehr eine Zumutung war Bundesrat Adolf Ogi für gewisse Medien. Ihm schlug eine intellektuelle Arroganz entgegen, die ihn während Jahren begleitete. Die Fähigkeiten für das hohe Amt wurden ihm von verschiedenen Journalisten abgesprochen. Das war wohl auch der Hauptgrund, dass es für ihn oft nur noch Freunde und Feinde gab. Gegenüber seinen Mitarbeitern, besonders Akademikern, konnte er gelegentlich unangenehm werden. Als Journalist, der versuchte, fair, aber auch kritisch zu sein, spürte ich das ebenfalls. «Was hesch gäge mi?» Wer nicht für mich ist, ist gegen mich. Adolf Ogi nimmt auch in Sachfragen sofort vieles persönlich.

Der «Sport-Bundesrat» setzte nun immer mehr auf die Boulevard-Medien, zu denen er schon in seiner früheren Tätigkeit einen guten Kontakt hatte. Und die Regenbogenpresse, die mehr an einer guten Story interessiert ist als an fundierter Berichterstattung, merkte bald, dass sich der «Held von Sapporo» gut vermarkten lässt. Gezielt setzte Ogi die einfache Sprache und das aussagekräftige Bild ein. «Ich bin eben kein Studierter», pflegte er gerne zu sagen. Als Eier kochender Bundesrat warb er für das Energiesparprogramm 2000. Und etliche Male reiste ich mit ihm ins Urnerland, wo er ausländischen Verkehrsministern die Enge des Reusstales an Ort und Stelle zeigte. Mit der Medienunterstützung («Dir müesst mer hälfe») leitete er den Bau der Neat ein. Rückschläge blieben allerdings trotz Medienhilfe nicht aus. Das Volks-Nein zum EWR im Jahre 1992 traf ihn und die andern Bundesräte gewaltig. Doch auch hier verhielt sich Adolf Ogi anders als seine Kollegen. Statt lang anhaltender Depression steckte der unverwüstliche Optimist die Niederlage über Nacht weg. Am andern Morgen früh um sieben Uhr – ich erwartete ihn mit einem Kamerateam – stürmte er ins Departement, rief die Mitarbeiter zusammen, spendete Trost und gab die Devise heraus: «Der Kampf geht weiter.» Ogis Leute siegen… nicht heute, aber vielleicht morgen.

Freunde in der ganzen Welt
Zu Hochform lief Adolf Ogi in seinem ersten Präsidialjahr 1993 auf. Nun konnte er seine grosse Kommunikationsfähigkeit vermehrt auch auf internationaler Ebene einsetzen. Spontan, weltoffen und herzlich, aber auch zielstrebig ging er auf ausländische Minister und Staatsoberhäupter zu. Der französische Staatspräsident François Mitterrand mochte den dynamischen Bergler ganz besonders. Er liess sich Ogis Heimat Kandersteg zeigen und traf gar mit dessen Eltern zusammen. Doch nicht nur zu Mitterrand, auch zu andern Staatsmännern fand Ogi den richtigen Draht. Das konnte ich bei einem Besuch in Salzburg miterleben, wo ihn der österreichische Präsident Thomas Klestil feierlich mit allen Ehren empfing. «Adolf Ogi kann eben auch Emotionen zeigen», erklärte mir Klestil. «Das ist in unserer Branche selten.» Ob Klestil, UNO-Generalsekretär Kofi Annan, Tony Blair oder gar Bill Clinton («He is a good guy»), Adolf Ogi hat Freunde in der ganzen Welt.
Und dass der Ogi Emotionen zeigen kann, erlebte ich bei einem Augenschein im zerbombten Sarajevo. Die Not der Menschen, vor allem aber die heimtückische Gefahr der Landminen setzten ihm heftig zu. Er liess seinen Emotionen freien Lauf, war niedergeschlagen, aber auch wütend.

Von da an kämpfte Adolf Ogi vehement für die Minenräumung und für ein internationales Minenverbot.

Die berüchtigten Neujahrsansprachen

Sowohl 1993 als auch im letzten Dezember war ich bei den Aufnahmen von Adolf Ogis Neujahrsansprachen dabei. Bei den Fernsehaufnahmen 1993 in Genf sorgte seine ausgeprägte Gestik für Erheiterung. Für die Südschweiz hielt Ogi seine Rede auf Italienisch; beim Tessiner Fernsehen nannte man es «Italienischunterricht mit dem Bundespräsidenten».

Sein damaliger Pressechef und ich ersuchten ihn also, die französische Version, in welcher er besonders heftig mit den Armen ruderte, zu wiederholen. Er hörte nicht auf uns und spielte das aufgenommene Videoband dem anwesenden Genfer Polizeichef vor. Dieser fand die Rede gut (wie sollte er auch anders?) – also wurde nicht wiederholt. Punkt. So ist er eben, der Ogi. Seine Mitarbeiter wollten ihm auch das unsägliche Tannenbäumchen der «Millenniumsansprache» ausreden – vergebens. Weshalb auch. Die Botschaft wurde vom Volk verstanden. Da können Journalisten, Intellektuelle und solche, die sich dafür halten, noch so heftig den Kopf schütteln und spotten, Adolf Ogi lässt das inzwischen kalt. Er weiss, dass er bei vielen ankommt. Und wer gesehen hat, wie herzlich der Bundespräsident anlässlich der letzten Bundesratsschulreise im Jura empfangen wurde, der versteht, weshalb Adolf Ogis Popularitätskurve oben anstösst. Sein Ausspruch «Freude herrscht» und das Tannenbäumchen sind zu seinen Markenzeichen geworden. Das Bäumchen fand sogar Einlass in ein amerikanisches TV-Magazin.

Niederlagen und Ärger

Trotz Popularität hatte Adolf Ogi auch Tiefschläge einzustecken. Mit der Annahme der Alpen-Initiative im Jahre 1994 wurde seine Verkehrspolitik zum Scherbenhaufen. Zudem geriet die Neat-Finanzierung ins Zwielicht. Es brauchte sehr viel diplomatisches Geschick, um die grossen Zweifel im Ausland zu zerstreuen. Den Tiefpunkt erreichte Ogis Bundesratskarriere aber wohl 1995, als er von den andern gezwungen wurde, in die «zweite Liga abzusteigen» und das EMD zu übernehmen. Vielleicht erwies sich aber gerade das, im Nachhinein gesehen, als Glücksfall. Mit seinem sprichwörtlichen Optimismus raffte er sich wieder auf. Als er auch noch Sportminister wurde, konnte er sich endlich seinem Lieblingsgebiet widmen. So setzte er sich mit viel Elan für

Sion 2006 ein, musste allerdings eine herbe Enttäuschung erleben.

Vor allem aber leitete Adolf Ogi mit grossem Reformwillen die Reorganisation der Armee ein. Das hatten seine Gegner nicht erwartet. Mit den Plänen für die Armee XXI und dem Konzept «Sicherheit durch Kooperation» geriet er mit seinem Widersacher Christoph Blocher und dessen Clan in heftigen Streit. Er, der seinerzeit mit der Öffnung der Partei Erfolg hatte, muss heute ansehen, wie die SVP mit Neinsagen und Isolationspolitik noch erfolgreicher ist. Auch wenn er es herunterspielt («Du muesch nid übertribe, es isch nume halb so schlimm»), es verletzt ihn, wenn ihm an Parteitagen Hohn entgegenschlägt. Blochers Attacken setzen ihm zu. Er, der ehrlich und mit offenem Visier kämpft, hat dem Taktieren, dem Zynismus und den Intrigen nichts entgegenzusetzen. Das war auch in den Auseinandersetzungen mit Otto Stich so.

Rücktritt auf dem Höhepunkt

Nach seinem ersten Präsidialjahr fiel Adolf Ogi in ein Loch, so habe ich ihn jedenfalls verstanden. Es fehlten ihm die vielen Auslandkontakte und die in einem Präsidialjahr übliche Nähe zum Volk. Das wollte er nicht nochmals erleben, und es war sicher auch mit entscheidend für seinen Rücktritt. So gesehen hat der «Gipfelstürmer ohne Seilschaft» den richtigen Zeitpunkt gewählt. Er geht wie ein Sportler auf dem Höhepunkt. In all den vielen Jahren meiner Bundeshaustätigkeit habe ich noch keinen so überschwänglich bedauerten Rücktritt erlebt. Für die NZZ, die Ogis Eignung für das Amt in Frage stellte, hinterlässt er heute «eine Lücke, die nicht ohne weiteres zu schliessen sein wird». Die Weltwoche, sehr kritische Begleiterin von Ogis Amtszeit, bezeichnet ihn heute immerhin als «Bundesratspersönlichkeit». Wer weiss, vielleicht wird Adolf Ogi bald noch zu einer internationalen Persönlichkeit? Dem Volk wird er auf alle Fälle in guter Erinnerung bleiben.

Kurt Siegenthaler

Alessandro della Valle

Geboren am 7. August 1964 in Bern. Matura in Bern, anschliessend Taxifahrer, abgebrochenes Jusstudium, 1987/88 Absolvent des General-Studies-Programms des International Center of Photography in New York, 1989 bis 1995 Fotograf bei der Berner Tageszeitung «Der Bund», ab 1998 Fotograf bei der Schweizer Bildagentur Keystone, ab 2000 Teamleiter der Fotografen bei Keystone.
Mitautor beim Fotobuch «Berner Stadtgefühle», 1993, zusammen mit Hansueli Trachsel, und bei «Parlament und Parlamentsgebäude der Schweiz», 1998, zusammen mit Véronique Botteron und Edouard Rieben.

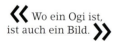 Wo ein Ogi ist, ist auch ein Bild. 》

In seinen Interviews – hier in einem Sitzungszimmer des Bundeshauses – lässt Ogi auch die Hände sprechen. (2000)

Konzentrationspause auf dem Flug von Zürich nach New York, wo Ogi im Rahmen der Millenniums-Versammlung als erster Schweizer Bundespräsident vor der UNO-Generalversammlung spricht. Vor dem Rückflug bleibt Zeit zum Besuch von Chinatown. (2000)

Alessandro della Valle/Keystone

Der Schock von Seoul – das IOC bevorzugt Winterspiele in Turin: die enttäuschten Gesichter von René Burkhalter (Präsident des Schweizerischen Olympischen Komitees) und Adolf Ogi nach der Niederlage ihres Projekts «Sion 2006». (1999)

Alessandro della Valle/Keystone

Monika Flückiger

Geboren 1964, lebt in Bern. Nach ihrer Ausbildung zur Fotografin arbeitet sie vorerst in der Werbefotografie bei Interdiscount in Jegenstorf.
Ab 1991 fotografiert sie regelmässig für die Berner Tageszeitung «Der Bund». Seit 1998 ist sie freischaffende Fotografin bei der Bildagentur Reuters. 1996 erscheint ihr Fotobuch «Frauenblicke – Bernerinnen im Bild».

Die Bundesratsreise führt traditionellerweise in die Heimat des Präsidenten: Ogi geniesst die Ruhe in seinen Bergen bei der «Fründenhütte» oberhalb des Oeschinensees. (2000)

Monika Flückiger/Reuters

Botschafter Adnan al Mandeel und ein Mitarbeiter überbringen am Neujahrsempfang die Grüsse Saudi Arabiens. (2000)

Monika Flückiger/Reuters

Empfang des IOC-Präsidenten
Juan Antonio Samaranch zu einer
Diskussion über den Kampf gegen
das Doping. (2000)

Auf Wanderschaft
mit UNO-Generalsekretär
Kofi Annan im Gasterntal. (2000)

Monika Flückiger/Reuters

Marcus Gyger

Geboren am 14. März 1960. In Beatenberg aufgewachsen und zur Schule gegangen. 1976 Lehre als Fotograf bei Fernand Rausser, Bolligen. 1979–1981 Werbefotograf in Zürich.
1981/82 erste grössere Reisen nach Brasilien und Nordamerika.
1983/84 Studienaufenthalt in Los Angeles.
1984–1989 Fotograf und Bildredaktor bei der «BernerZeitung BZ».
1989–1991 Weltreise.
1992 Postkartenprojekt «Swiss Card» im Berner Oberland und freier Fotograf bei der Bildagentur Reuters.
1993 Reise nach Südafrika, Botswana und Zimbabwe. Heute freischaffender Fotograf (Schwerpunkt Landschaft) für diverse Zeitungen und Zeitschriften und Mitarbeiter bei Reuters.

Der Bundespräsident persönlich reinigt den roten Teppich, der zum Empfang von Petar Stoyanov, Präsident der Republik Bulgarien, vor dem Landsitz Lohn in Kehrsatz ausgelegt worden ist. (2000)

Prinz Charles von Grossbritannien zeigt sich auf seiner persönlichen Führung Adolf Ogis durchs Berner Oberland viel weniger «verschnupft», als diese Bilder vermuten lassen... (2000)

Erleichterung steht Ogi nach der
Rücktritts-Pressekonferenz
ins Gesicht geschrieben. (2000)

Der Bundespräsident gibt vor
versammelten Mikrofonen
seinen Rücktritt nach dreizehn
Amtsjahren bekannt. (2000)

Ueli Hiltpold

Geboren am 19. März 1959 in Zürich.
Begann vor 19 Jahren als Fotograf zu arbeiten. Zuerst bei Bild&News in Zürich und Bern, dann bei Keystone-Press in Bern. Seit 14 Jahren als selbstständiger Fotograf für Magazine, Zeitungen und Firmen im In- und Ausland tätig. Spezialgebiete: Reportagen, Portraits, Wissenschaft und Forschung.

«Eigentlich ist ja schon alles zu Adolf Ogi gesagt worden. Was ich aber besonders an ihm schätze, ist die Professionalität, mit der er seine Fototermine wahrgenommen hat.»

Im Bundeshaus-Fernsehstudio vor einer Sendung zur EWR-Abstimmung. (1992)

Ueli Hiltpold

Begleitet von seinem Weibel Toni Lötscher auf dem Weg ins Büro. (2000)

Er sammelt die Gedanken vor einer TV-Sendung. (1992)

Mit einer Sprengung eröffnet der damalige Vorsteher des Verkehrs- und Energiedepartements die Bahn-2000-Baustelle in Vaumarcus. (1995)

Karl-Heinz Hug

Geboren am 21. November 1963 in Brugg, wo er die Schulen besucht und eine Lehre als Fotograf absolviert. Nach seiner Anstellung als Werbefotograf bei der BBC (jetzt Asea Brown Boveri) ist er Cheffotograf der Bildagentur Keystone/Reuters in Bern. Von 1987 bis 1998 arbeitet er auf selbstständiger Basis als Bundeshaus-, Werbe- und Reportagefotograf mit eigenem Studio und Labor für diverse schweizerische und internationale Zeitungen und Magazine. Seit 1998 für das Haus Ringier tätig, «SonntagsBlick» (2 Jahre), ab 1. September 2000 Fotograf bei der «Schweizer Illustrierten».

» Adolf Ogi ist einer von wenigen Bundesräten zum Anfassen. »

Der Sport wechselt vom Departement des Innern an das Militärdepartement (das nun Departement für Verteidigung, Bevölkerungsschutz und Sport heisst). Ruth Dreifuss wirft sich ihrem Nachfolger als Sportminister bei der offiziellen Übergabe an die Brust. (1997)

Die offizielle Postkartenserie für seine Fans: je nach Wunsch gediegen-schwarz als Staatsmann...

Die erste Amtshandlung des neuen obersten Sportlers: Jogging in Magglingen mit Heinz Keller, dem Direktor des Bundesamts für Sport. (1997)

...sportlich-elegant... ...oder natürlich-léger. (1999)

Siegfried Kuhn

Geboren am 2. Mai 1931. In Lyss sämtliche Schulen absolviert. Fotografenlehre bei Hermann König in Solothurn und bei Alfred Kuhn (seinem Vater) in Lyss. Nach dem Lehrabschluss diverse Stellen als Fotograf im In- und Ausland.
Ab 1959 tätig bei der Bildagentur ATP, nach deren Aufkauf durch Ringier beim Ringier Bilderdienst und anschliessend bei der «Schweizer Illustrierten», für die er auf seine eigene Idee hin Bundesrat Ogi in seinem ersten Präsidialjahr 1993 während zwölf Monaten fotografisch begleitet.

» Ein unglücklicher Zufall: Die beiden grossen Überschwemmungskatastrophen 1993 und 2000 im Wallis fallen in die Präsidialjahre von Adolf Ogi. »

Erfrischung nach einem Lauftraining in Fraubrunnen. (1991)

Der Chef mit seiner Mitarbeiterin und den engsten Mitarbeitern beim Montagmorgen-Briefing im Bundesratbüro. (1993)

Siegfried Kuhn

Die Überschwemmungs-katastrophe in Brig wühlt auch «Urgestein» Adolf Ogi auf. (1993)

«Schrumm-schrumm» mit Fritz Glarner von der Ländlerkapelle «Schäfer Buebe» während des Besuchs von Königin Beatrix. (1993)

32 Siegfried Kuhn

Auch als Bundesrat und Bundespräsident pflegt Dölf ein enges Verhältnis zu seinen Eltern Adolf sen. († 1999) und Anni Ogi, die er sehr verehrt. (1993)

Ogi wird für die Fernseh-Ansprache zum «Tag der Kranken» geschminkt. (1993)

Lukas Lehmann

Geboren 1951.
Aufgewachsen mit drei
Schwestern in der Agglo-
meration Bern.
9 Jahre Primarschule
(«wie dr Ogi»).
Fotografenlehre bei Foto
Fritz Lauener, Wengen.
Wanderjahre und diverse
manuelle Tätigkeiten.
Selbstständiger Fotograf
und Handwerker.
Vater von zwei Töchtern
und Hausmann.
Seit zwölf Jahren für die
Fotoagentur Keystone
unterwegs.
Wohnhaft in Bern.

《 Het Frööd,
zeigt Frööd, wünscht Frööd –
bhaut Frööd! **》**

**Die 1.-August-Rede auf dem
Männlichen wird vor patriotisch-
heimatlicher Kulisse durch
ein Fernseh-Team aufgezeichnet.
(1993)**

34

Lukas Lehmann/Keystone

Prominenter Hilfskutscher bei der offiziellen Eröffnung vor dem neuen PTT-Museum in Bern. (1990)

Als «Friedensmaurer» bei der Eröffnung eines Schulhauses in der Nähe von Priszren, Kosovo. (1999)

Tête-à-tête mit Nationalrat
Christoph Blocher während
der SVP-Delegiertenversammlung
in Reconvilier. (1999)

Der Bundesrat als
«Härdöpfurüschter» in Lohn,
Kanton Solothurn. (1995)

Kraftvoller Abschlag vom Bock:
Eidgenössisches Hornusserfest
in Bleienbach. (1994)

Peter Mosimann

Geboren 1955 in Bern.
1973–1975 Ausbildung
als Chemielaborant.
1977/78 Südamerikareise
1979–1982 Ausbildung als
Werbefotograf bei Rolf Weiss
in Bern.
1983/84 Asienreise.
1984–1989 Einstieg in den
Fotojournalismus bei der
«BernerZeitung BZ», tätig
als freier Fotograf für
verschiedene Medien und
Werbung.
1989/90 Asienreise.
1990/91 angestellt als
Fotograf beim Magazin
«Diagonal».
1991 freier Fotograf in Bern.
Fotopreis des Kantons Bern
für Auftragsarbeiten für das
Buch «Rikscha Kalkutta».
1992 eidg. Stipendium für
angewandte Kunst.
1995 Foto-Werkbeitrag des
Kantons Bern. Weiterhin
tätig als freier Fotograf,
auch für Reuters.
1998/99 Asienreise.

《 Für uns Fotografen
war Adolf Ogi einer der
Kooperativsten, wenn es
darum ging, uns zu
einem besseren Bild zu
verhelfen. 》

Rutschpartie für den Bundespräsidenten auf der Sommerrodelbahn neben der Bergstation Oeschinen ob Kandersteg. (2000)

«What a sunnyboy»: mit Thomas Borer, dem Schweizer Vertreter in Berlin, auf dem Botschafterausflug im Berner Oberland. (2000)

40   Peter Mosimann/Reuters

Aus voller Kehle: der eben zum zweiten Mal Bundespräsident gewordene Ogi jodelt in der Eingangshalle des Parlamentsgebäudes. (1999)

Peter Mosimann/Reuters

Jürg Müller

Geboren 1961 und aufgewachsen als Sohn eines Briefträgers und einer Hausfrau im Tscharnergut Bümpliz.
1968–1977 Besuch der Primarschule im Tscharnergut.
1977–1981 Lehre als Mechaniker in der WIFAG in Bern.
1981–1987 Jobs als «Töffmech», Lastwagenchauffeur und Taxifahrer und viele andere Tätigkeiten. Autodidaktische Aneignung der Fotografie.
1987–1989 erste Stelle als Redaktionsassistent bei der Motorradzeitschrift «Moto Sport Schweiz».
1989 als Fotograf zur Agentur Keystone. Seit 1996 Fotograf im Stadttheater Bern.
Ab 1999 Arbeiten als freier Fotograf für verschiedene Zeitungen und Auftraggeber.

«Bundesrat Adolf Ogi war für uns Fotografen ein Glücksfall.»

Der frisch gebackene Sportminister eröffnet auf dem Kronenplatz in der Lenk das 57. Jugendskilager des Schweizerischen Skiverbands. (1998)

Gemeinsame Sache: Die Bern-Lötschberg-Simplon-Bahn (BLS) und Bundesrat Ogi unterstützen die Olympiakandidatur «Sion 2006». (1998)

Der Bundespräsident
mit der Trophäe «Door of the
Olympic 2000» im Berner Kursaal.
(2000)

Jürg Müller/Keystone

Kurt Reichenbach

Geboren am 7. April 1964 in Gstaad.
1971–1980 Schulen in Gstaad.
1980–1984 Lehre als Elektromechaniker.
1984–1988 Fotoklasse an der Ecole d'arts appliqués in Vevey.
Seit 1988 Fotograf bei der «Schweizer Illustrierten», seit 1994 auch im Bundeshaus tätig.

Sportliche Frühgymnastik vor seinem Haus in Fraubrunnen am Morgen nach der Bekanntgabe des Rücktritts auf Ende Jahr. (2000)

Posieren für ein Foto
in der «Schweizer Illustrierten»:
auch das gehört zum Job
des Bundespräsidenten. (2000)

Auf dem Sessellift
mit Vizekanzlerin Hanna Müller
Muralt. (2000)

Als Rock 'n' Roller auf der präsidialen Wahlparty in Kandersteg. (1999)

Ein Schweizer Bundespräsident ist nicht immer mit Chauffeur unterwegs. (2000)

Edouard Rieben

Geboren am 22. Februar 1941
in Bern.
Heimatberechtigt
in Lenk i. S.
Schulen in Bern und Waadt.
Verheiratet.
Vater von zwei erwachsenen
Kindern.
Wollte Bildhauer werden und
wurde Fotograf.
Freier Mitarbeiter von «NZZ»
und «Le Temps».
Lebt in Bern und Arles.

«Ogis Gesten
beeindrucken mich heute.»

Warten auf den Auftritt
im Nationalratssaal. (1997)

Bern feiert «seinen» Bundespräsidenten auf dem Münsterplatz.
(1992)

Gestenreich verteidigt Ogi eine
bundesrätliche Vorlage. (1998)

«Fliegen» im Ständerat
und mit dem österreichischen
Bundespräsidenten Thomas Klestil
in den Bergen. (1998/1992)

Walter Rutishauser

1940 geboren in Winterthur.
Ebenda verschult und zum
Fotografen gemacht.
Dann Reporter bei verschiedenen Agenturen und
Bilderdiensten wie ATP,
RBD, NAP, Photopress, ASL,
Keystone.
Dann für «Tages-Anzeiger»
und diverse andere tätig.

Gruppenbild des Gesamtbundesrats anlässlich der Departementsverteilung im Von-Wattenwyl-Haus in Bern: von links René Felber (neu), Arnold Koller, Jean-Pascal Delamuraz, Otto Stich, Elisabeth Kopp, Flavio Cotti und der ebenfalls frisch gewählte Adolf Ogi. (1988)

Vor seiner Wahl in den Bundesrat ist Adolf Ogi Generaldirektor der Intersport Schweiz Holding AG. (1987)

Im Vorzimmer des Ständerats mit seinem damaligen EVED-Generalsekretär Max Friedli, dem heutigen Direktor des Bundesamts für Verkehr. (1985)

Offen für vieles: Am liebsten würde Adolf Ogi immer wieder die ganze Welt umarmen. (1995)

Walter Rutishauser

Roland Schlaefli

Né à Lausanne le 9 juin 1928, originaire de Lyssach (BE), fait ses études primaires et secondaires à Lausanne (Collège scientifique) avant d'entrer à l'Ecole de Commerce. Débutant dans la presse comme journaliste sportif (football, automobilisme etc.) il réalise dès 1949 plusieurs reportages photographiques avant de fonder en juin 1954, à l'occasion des Championnats du monde de football qui se déroulent en Suisse, l'agence ASL.
En décembre 1972, Roland Schlaefli rachète le nom et les archives de l'agence Presse-Diffusion, fondée en 1937 par Joseph Hayot.

«Ogis Leute siegen heute»: ein glücklicher Delegationsleiter des erfolgreichen Schweizer Ski-teams an den olympischen Winterspielen in Sapporo. (1972)

Roland Schlaefli

Besuch in einem Swisscoy-Trainingslager auf dem Waffenplatz in Bière, wo Freiwillige für den Einsatz im Kosovo ausgebildet werden. (1999)

Mit Luftwaffen-Kommandant Fernand Carrel im Cockpit des ersten in der Schweiz montierten Kampfjets FA 18 in Emmen. (1997)

Zum zweiten Mal Bundespräsident: strahlend mit Frau Katrin, Tochter Caroline und Sohn Mathias. (1999)

Kampf an vorderster Front und mit Herzblut für die Olympiakandidatur «Sion 2006». (1999)

Roland Schlaefli

Michael Schneeberger

Geboren am 4. April 1957. Aufgewachsen im damals noch ländlichen Wohlen bei Bern. Nach der obligatorischen Schulzeit und drei Jahren Seminar Hofwil Berufslehre mit Abschluss als Werbefotograf. Zahlreiche Reisen und mehrjähriger Auslandaufenthalt in Lateinamerika. Danach freier Pressefotograf, unter anderem bei der «BernerZeitung BZ». Reportagen für «Magazin», «Annabelle» usw. Seit 1995 angestellt beim Berner «Bund», heute 50% Teilzeit. Häufige Aufenthalte in Rumänien (Kreis Maramures), zwei Buchpublikationen über diese Region.
Lebt teils in Ittigen bei Bern, teils in Berlin-Pankow.

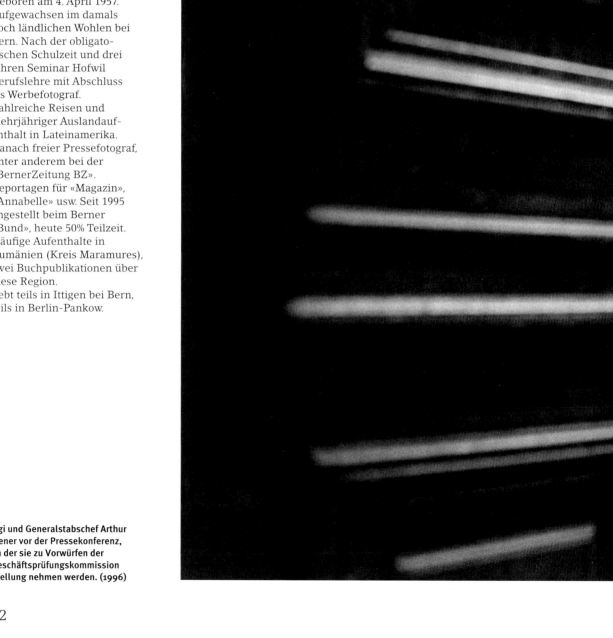

Ogi und Generalstabschef Arthur Liener vor der Pressekonferenz, an der sie zu Vorwürfen der Geschäftsprüfungskommission Stellung nehmen werden. (1996)

Die Parlamentarier – hier im Ständerat – machen es den Regierungsmitgliedern nicht immer leicht. (1996)

Zwei im Volk bekannte Gesichter unter der Bundeskuppel: Bundesrat Ogi im Gespräch mit SP-Nationalrat und Parteipräsident Helmut Hubacher. (1996)

An diesem Tag steht der Bundespräsident ausnahmsweise zweimal auf dem Kopf: zum ersten Mal wie gewohnt beim Yoga zu Hause, später anlässlich der Pressekonferenz im Journalistenzimmer auf diesem Foto. (2000)

Markus Senn

Geboren am 2. Mai 1960 in Basel.
Seit 18 Jahren als Bundeshausfotograf akkreditiert. Neben der Arbeit für zahlreiche Schweizer Magazine und Verlage fotografiert er für nationale und internationale Kunden, deren Jahresberichte, Imagebroschüren und andere visuelle Kommunikationsmedien. Für grössere Projekte bilden Senn&Stahl eine Arbeitsgemeinschaft.

Der schweizerische Verkehrsminister als Model: Fotoshooting mit Variationen zum Thema Eisenbahn. (1992)

Markus Senn 67

Nationalrat Ogi präsentiert sein
Schulzeugnis der ersten Klasse
1949/50 bei Frau Weeser
in Kandersteg. (1986)

Betragen, Fleiss und Ordnung «gut»,
trotz einer «5» im Turnen wird Ogi
später Sportminister.

Schuljahr 19 49/50   Schulort: _Kandersteg_
              Gemeinde: _Kandersteg_

1. Schuljahr (nach Alter); wurde im Stoffgebiet des __1.__ Schuljahres unterrichtet

Biblische Geschichte	5
Heimatunterricht	5
Sprache: mündlich	5
Sprache: schriftlich	5
Rechnen	6
Schrift	5
Zeichnen und Gestalten	5
Gesang	6
Turnen	5
Handarbeit	

Betragen:	Gut
Fleiss:	
Ordnung:	

Jahresstunden der Klasse	832
Entschuldigte Abwesenheiten	4
Unentschuldigte Abwesenheiten	
Jahresabwesenheiten	4

Wird befördert: ja, ~~nein.~~
(Nicht Zutreffendes streichen.)

Die Lehrerin: _M Neeser_
Eingesehen: _Ad. Ogi._

2

Jean-Bernard Sieber

Né en 1958, marié et père de deux charmantes filles. Photographe depuis 1975, fondateur de l'Agence de presse ARC à Lausanne. Un des rares photographes romands au Parlement. Originaire du «Ogi-Land».

« Mes filles connaissent le nom du Président de la Confédération pour l'année 2000. »

Stiebende Abfahrt:
Der Sportminister profitiert von den guten Schneeverhältnissen auf der Riederalp. (1999)
(Foto Denis Balibouse/ARC)

Am offiziellen Tag des Comptoir Suisse zum Thema Fasnacht. (1996)

Nicht nur Käse: das Restaurant «Boccalino» in Lausanne bietet neben der Pizza «Ogi» auch belegte Teigfladen mit den Namen der sechs anderen Bundesratsmitglieder an. (1998)

Ruben Sprich

Geboren am 11. Januar 1967 in Bern.
1982–1986 Lehre als Werbefotograf im Fotostudio Roulier in Zimmerwald.
1983/84 freier Fotograf für die nationale Bildagentur Bild+News in Bern.
1984–1986 Mitarbeiter bei Keystone in Bern.
1986–1990 Staff photographer für Associated Press in Bern und im Ausland.
1991–1998 Freelancer für Reuters in Bern und im Ausland.
Seit 1998 Chief Photographer Reuters Switzerland und seit 1993 Präsident der Vereinigung der Bundeshausfotografinnen und -fotografen.

《 Mit Dölf Ogi verlieren wir einen Politiker und Menschen, der uns Fotografen Farbe in den Alltag brachte. 》

Der Bundesrat und sein Weibel Philipp Britschgi lassen sich während der Schlusszeremonie am Eidgenössischen Turnfest in Bern zum Mitmachen an der «La Ola» bewegen. (1996)

Der Bundesrat unterbricht seine Sitzung, um vom Balkon aus mit Spezialbrillen die Sonnenfinsternis zu betrachten. (1999)

Der Bundespräsident am Eidgenössischen Feldschiessen im Kiental: 62 Punkte für den prominenten Schützen. (2000)

Ruben Sprich/Reuters

Michael Stahl

Geboren am 20. Juli 1965 in Bern. Arbeitet seit 1988 als freischaffender Fotograf. Er lebt und arbeitet in Muri bei Bern und ist für Presse/Medien, Public Relations und Werbeaufträge im In- und Ausland unterwegs. Tätig für renommierte Zeitungen, Zeitschriften und Magazine in den Bereichen Politik, Wirtschaft, Kultur und Gesellschaft z.B. für «Weltwoche», «Tages-Anzeiger», «Facts», «Focus», «BernerZeitung BZ», «Le Temps», «L'Hebdo», «Handelszeitung», «Schweiz Global», «Bilanz», «Schweizer Fernsehen SF DRS» und viele andere mehr. Für grössere Projekte bilden Senn & Stahl eine Arbeitsgemeinschaft.

Der Schweizer Bundesrat beim Interview mit dem deutschen Magazin «Focus» vor patriotischer Kulisse. (1999)

Staatsbesuch: Im Hotel Bellevue in Bern testet Ogi den Feldstecher, den er vom Deutschen Bundespräsidenten Johannes Rau erhalten hat. (2000)
(Foto Senn & Stahl)

Gut besuchte Presseorientierung: flankiert von seinem Informationschef Oswald Sigg (links) und Vizekanzler Achille Casanova erklärt der Bundespräsident seinen Rücktritt...

...um gleich wieder in die
Bundesratssitzung zurückzukehren.
(2000)

Hansueli Trachsel

Geboren 31. Mai 1951. Primarlehrerpatent am Seminar Muristalden in Bern.
Autodidaktische Weiterbildung zum Fotografen.
Ab 1968 bildjournalistisch tätig u.a. für «Berner Tagblatt», «Tages-Nachrichten», «Emmentaler Blatt», «Tages-Anzeiger» und «Basler Nachrichten». 1974–1998 festangestellter Pressefotograf beim Berner «Bund», 1983–1995 auch Bildredaktor. Fotografiert nebst lokalen und kulturellen Ereignissen seit 24 Jahren im Bundeshaus. Ab Ende 1998 wieder hauptsächlich freiberuflich unterwegs.
1984 Mitgewinner des Journalistenpreises der Stadt Rom, Sieger bei «Swiss Press Photo 98» in der Kategorie «People und Porträts». Mitglied von zahlreichen Jurys und Kursleiter für Presse-Fotografie. Im Jahr 2000 ist sein monografischer Fotoband «Bilder für die Zeitung» erschienen.

Kurz nach seiner Wahl in den Bundesrat nimmt der Berner schon das erste Bad in der Menge auf dem Bundesplatz. (1987)

Hermann Ogi holt für seinen
prominenten Cousin Kristalle und
Kalzite aus der Kluft im Gasterntal.
(1990)

Grosse Männer werfen grosse Schatten: Rede vor dem Verband Berner KMU in Interlaken. (1999)

Gruppenbild mit Frankreichs Staatspräsident François Mitterrand und Blüemlisalp im Abendglühn. (1993)

Ein herzlicher Kuss für die neue Nationalrätin und Sitznachbarin Elisabeth Zölch. (1987)

Die Vereinigung der Bundeshausfotografinnen und -fotografen (VBF)

In der Vereinigung der Bundeshausfotografinnen und -fotografen (VBF) haben sich im März 1993 die ständig akkreditierten und regelmässig im Parlament und Bundeshaus tätigen Bildjournalisten zu einer Interessengemeinschaft zusammengeschlossen.

Im Moment gehören ihr 2 Fotografinnen und 21 Fotografen an, die – zum Teil schon während Jahrzehnten – im Auftrag von Agenturen, Zeitungen oder als freie Pressefotografen die Bundespolitik mit der Kamera begleiten.

Mit der Gründung ihrer Vereinigung haben sich die Fotografen zum Ziel gesetzt, gegenüber der Bundesverwaltung und den Parlamentsdiensten ein Gesprächspartner zu sein, wenn es um spezifische Probleme der Bild-Berichterstattung geht. Dies sowohl im täglichen Ablauf, zum Beispiel während der Sessionen, oder insbesondere bei der Vorbereitung und der Organisation von Grossanlässen wie zum Beispiel Staatsbesuchen und Bundesratswahlen. Die Vereinigung ist das Pendant zur längst existierenden Vereinigung der Bundeshausjournalisten.

In welcher Richtung geht es weiter?
(Foto Hansueli Trachsel)

AD. OGI
AD. OGI
AD. OGI